OPERA ARIE

PER SOPRANO

CON
VARIAZIONI E CADENZE

IV

오페라 아리아 명곡집
소프라노 ④

a cura di
FRANCO MAURILLI

아름다운음악아름다운인생
아름출판사

오페라 아리아 명곡집 IV
INDICE

「NORMA」 Bellini ················· 노르마
Casta Diva, che inargenti ················· 청순한 여신이여 ················· 8

「BIANCA E FERNANDO」 Bellini ················· 비안카와 페르난도
Sorgi, o padre, e la figlia rimira ················· 아아, 일어서세요 아버님 ················· 16

「LA TRAVIATA」 Verdi ················· 춘희(라 트라비아타)
Ah, fors'è lui che l'anima ················· 아아, 바로 그사람인가~꽃에서 꽃으로 ················· 26

「CAVALLERIA RUSTICANA」 Mascagni ··· 카발레리아 루스티카나
Voi lo sapete, o mamma ················· 어머니도 아시다시피 ················· 44

「LUCIA DI LAMMERMOOR」 Donizetti ····· 람메르모르의 루치아
Spargi d'amaro pianto ················· 슬픔의 눈물로(광란의 장) ················· 50

「LA WALLY」 Catalani ················· 라 왈리
Ebben? ...Ne andrò lontana ················· 그렇다면 멀리 가버리겠어요 ················· 80

「PAGLIACCI」 Leoncavallo ················· 팔리아치
Stridono lassù, liberamente ················· 저하늘 높이 새들은 지저귀고 ················· 86

「LODOLETTA」 Mascagni ················· 로돌레타
Flammen, perdonami ················· 플라멘, 나를 용서해줘요 ················· 100
Flammen! pietà, pietà ················· 플라멘! 불쌍히 여겨줘요 ················· 106

「ZAZÀ」 Leoncavallo ················· 자자
Ammogliato! ················· 결혼하고 있다니! ················· 112

「I VESPRI SICILIANI」 Verdi ················· 시칠리아 섬의 저녁 기도
Mercè, dilette amiche ················· 친구여, 고맙소 ················· 120

찾아보기 ················· 130

「노르마」· 벨리니

F. 콧소토, M.카발레

Vincenzo Bellini(1801~1835)

NORMA
노르마

초연 : 1831년 12월 26일

등장인물

Norma	(soprano)	노르마 :	드루이드* 무녀의 우두머리, 오로베조의 딸
Oroveso	(basso)	오로베조 :	노르마의 아버지, 드루이드의 장(長)
Pollione	(tenore)	폴리오네 :	로마의 장군이며, 갈리아 지방의 대관
Adalgisa	(soprano)	아달지자 :	일민수르**신전의 젊은 무녀
Flavio	(tenore)	플라비오 :	폴리오네의 친구, 로마인
Clotilde	(mezzo soprano)	클로틸데 :	노르마를 신뢰하는 친구

*드루이드 : 고대 켈트족 제사 계층의 명칭
**일민수르 : 드루이드교의 신성한 장소로 숭배되는 떡갈나무

무 대

기원전 50년경, 갈리아 지방

─────────

　벨칸토 오페라 중 최고 걸작. 그러나 노르마는 소프라노 드라마티코
이며, 특히 아질리타의 기법을 완전히 몸에 익힌 칼라스 같은 천재가
아니고서는 부르기 어렵다.

NORMA
Casta Diva, che inargenti
청순한 여신이여

「노르마」에서

Vincenzo Bellini

VARIAZIONI E CADENZE

바리에이션과 카덴짜

14

Casta Diva, che inargenti

Casta Diva, che inargenti
queste sacre antiche piante,
a noi volgi il bel sembiante
senza nube e senza vel.
Tempra tu de' cori ardenti,
tempra ancora lo zelo audace,
spargi in terra quella pace
che regnar tu fai nel ciel.

청순한 여신이여

청순한 여신이여, 이들 성스러운 노목을
은빛으로 빛나게 하는 청순한 여신이여
구름이나 안개 속으로 숨지 말고
우리들에게 그 아름다운 모습을 보여주소서.
당신은 불타는 마음을 가라앉히고,
설레이는 용기를 가라앉히고
당신이 하늘을 다스리는 그 평화를
바로 우리들의 땅에도 펼쳐주소서.

Vincenzo Bellini(1801~1835)

BIANCA E FERNANDO
비안카와 페르난도
초연 : 1828년 4월 7일

등장인물

Carlo (basso) **카를로** : 오랜 세월 지하에 유폐되어 있는 노공작

Bianca (soprano) **비안카** : 카를로의 딸, 필리포와 결혼하려 하는 미망인

Fernando (tenore) **페르난도** : 카를로의 아들, 아돌포라는 가명으로 아버지의 원수를 갚으려함.

Fillippo (baritono) **필리포** : 비안카와 결혼하여 공작의 영지를 찬탈하려고 기도하는 사나이

무　대

13세기, 아그리젠트(시칠리아 섬)

　벨리니는 제노바의 테아트로 카를로 펠리체의 낙성식에 즈음하여 신작을 의뢰 받았으나 시간적인 여유가 없었기 때문에 전작 《비안카와 제르난도》를 《비안카와 페르난도》로 하여 몇 개의 곡을 추가하여 완성했다. 이 곡은 초기의 작품이라고는 해도 벨리니 특유의 아름다운 곡이 몇 개나 들어 있으며 비안카의 아리아 〈일어나세요, 아버님〉 등은 더없이 아름다운 곡이다. 또한 비안카의 카발레타 〈기쁨으로 넘치는 이 마음〉이 《노르마》의 〈청순한 여신〉의 카발레타로 전용된 외에도 《노르마》나 《청교도》의 귀에 익은 곡이 나오는 것이 재미있다.

BIANCA E FERNANDO

Sorgi, o padre, e la figlia rimira

아아, 일어서세요 아버님

「비안카와 페르난도」 에서

Vincenzo Bellini

Adagio

PIANOFORTE

CANTO

(Bianca, sop)

Sor - gi, o pa - dre, e la fi - glia ri -

- mi - ra, che si la - gna, che ge - me e so - spi - ra, che già

lan - gue, tra - fit - ta ed op - pres - sa dal più cru - do ed a - cer - bo do -

- lor!

Di cor-

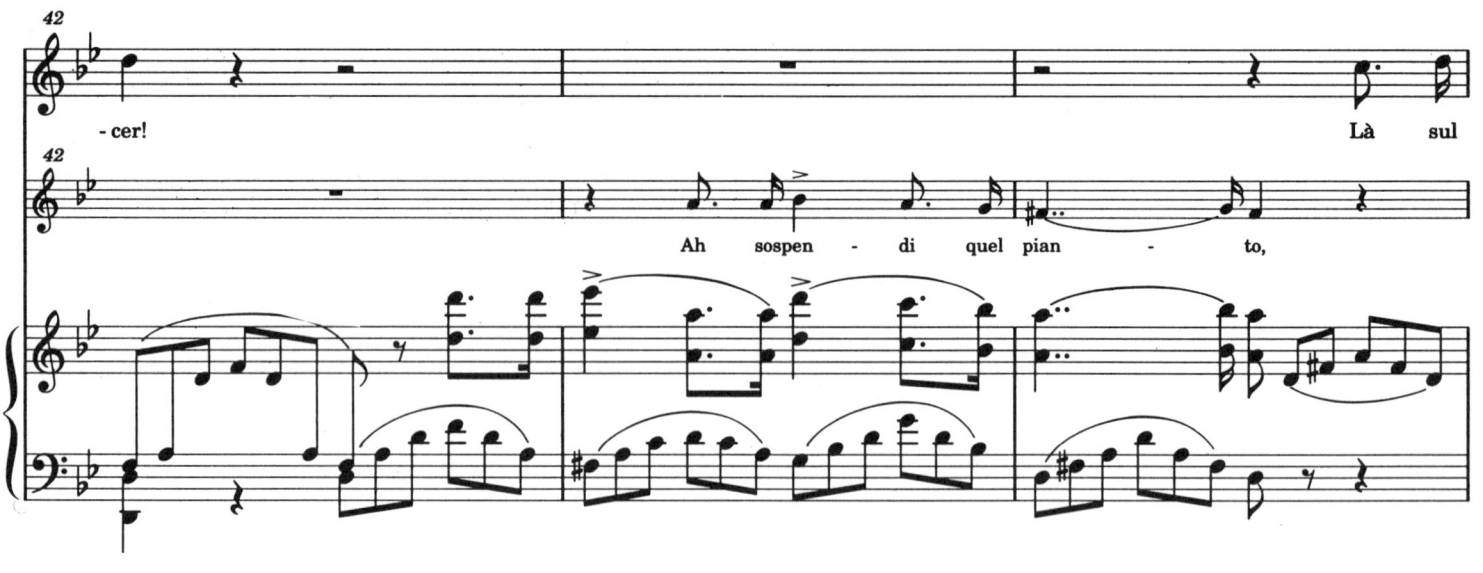

vit - tima a un sa - cro do - ver, ba - gna al - lo - ra con stil - la pie-

tri - sto pen - sier,

(Bianca)

Oppure

- to - sa chi fu

- to - sa.............. chi fu vit - ti - ma a un sa - cro do - ver, ah!.............. chi fu

vit - ti - ma a un sa - cro do - ver, ba - gna al - lo - ra con stil - la pie-

(Eloisa)

deh! al - lonta - na

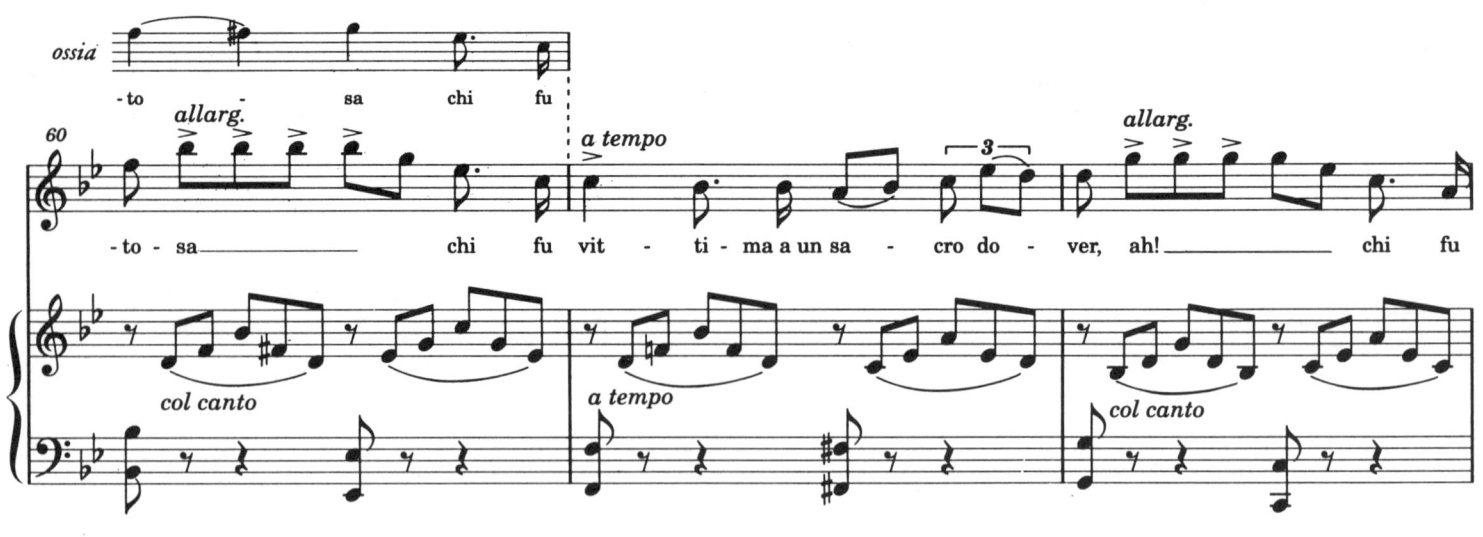

Sorgi, o padre, e la figlia rimira

(Bianca)
Sorgi, o padre, e la figlia rimira,
che si lagna, che geme e sospira,
che già langue trafitta ed oppressa
dal più crudo ed acerbo dolor !

Di cordoglio e d'angoscia omai stanca,
a te rendo la vita che manca,
quella vita che già tu mi desti,
e ch'io trassi fra lagrime ognor

(Eloisa)
Sgombra il duolo che tange ed opprime
Deh! Ridona la pace al tuo cor.

(Bianca)
Se a me riedi, adorato germano,
vanne in riva di quel ruscelletto,
ove meco prendevi diletto,
nei bei giorni di calma e piacer!

(Eloisa)
Ah sospendi quel pianto
Deh! Allontana un sì tristo pensier

(Bianca)
Là sul mirto e fra salci vedrai
che in fredd'urna il mio cener riposa
bagna allora con stilla pietosa
chi fu vittima a un sacro dover!

아아, 일어서세요 아버님

아아, 일어서세요 아버님. 그리고 한탄하고 슬퍼하고
한숨을 쉬고 있는 당신의 딸을 보세요
슬픔으로 깊은 상처를 받고
벌써 나는 약해져있어요

이미 깊은 슬픔에도 고뇌에도 지쳐버렸습니다
당신에게 나의 나머지 생명을 돌려 드리겠어요
당신이 나에게 주신
언제나 나에게 눈물을 흘리게 한 이 생명을!

나를 고통으로부터 누르는 슬픔을 거두어주시고
나의 가슴에 평화를 돌려주소서.

만일 사랑스런 동생이 돌아오면
저 작은 시냇가로 가요
두 사람이 즐거운 시간을 보낸 저 물가로
아아, 저 평온한 기쁨에 찬 행복한 날들이여!

아아, 울지 말아요
제발 그런 슬픈 생각에서 멀리 해주오

저곳의 은빛 매화꽃과 수양버들 사이에
나의 재가 잠자고 있는 곳을 보게되겠지
그러면 동정의 눈물 한 방울 적셔주오
성스러운 희생이 된 나를.

「춘희(라 트라비아타)」・베르디
I. 코틀바스

Giuseppe Verdi(1813~1901)

LA TRAVIATA[※]
춘희(라 트라비아타)

초연 : 1853년 3월 6일

등장인물

Violetta Valery	(soprano)	비올레타 발레리 : 파리의 고급 창부
Alfredo Germont	(tenore)	알프레도 제르몽 : 남부프랑스 부호의 아들
Giorgio Germont	(baritono)	죠르죠 제르몽 : 알프레도의 아버지
Flora Bervoix	(mezzo soprano)	플로라 베르부아 : 비올레타의 친구
Barone Douphol	(baritono)	뒤폴 남작
Annina	(soprano)	아니나 :비올레타의 하녀

무 대

1850년경, 파리와 그 근교

─────────────

　이제까지 여자의 마음같은 것은 전혀 알지 못했던 베르디가 주제피나와의 사랑으로 여자의 마음을 이해하게 되었을 때 파리에서 연극『춘희』를 관람하고 마음속에서 끓어오르는 감정을 단숨에 쓴 곡.

LA TRAVIATA

Ah, fors'è lui che l'anima

아아, 바로 그사람인가~꽃에서 꽃으로

「춘희(라 트라비아타)」에서

Giuseppe Verdi

di sua bel-tà ve-de - a, e tut-ta me pa - sce - a di quel di - vi - no er -

- ror. Sen - tia che a mo - re, che a mo - re è pal - pi - to

del - l'u - ni - ver - so, del - l'u - ni - ver - so in - te - ro,

mi - ste - ri - o - so, mi - ste - ri - o - so, al - te - ro,

cro - ce, croce e de - li - zia, croce e de - li - zia, de - li - zia al cor! croce e de -

-li - zia, de - li-zia al cor ! ah !_____ de - li - zia al

cor ! Fol - li - e !... fol - li - e !...

de - li - rio va - no è que - sto !... Po - ve - ra

don - na, so - la, ab - ban - do - na - ta in

que - sto po - po - lo - so de - ser - to che ap-pel - la - no Pa - ri - gi, che spe - ro or

dee ___ vo - lar, dee vo - lar, ah! ___ áh!

___ ah! ___ ah! ___ dee ___ vo - lar il

mio pen - sier, il mio pen - sier ___

Ah! ___ il mio ___ pen - sier.

VARIAZIONI E CADENZE

바리에이션과 카덴짜

-mor! Ah!_____

Ah!_____ croce e de-li-zia, croce e de-li-zia al cor._____

Ossia

Ah!_____ croce e de-li-zia al cor._____

Ossia

Ah!_____ croce e de li zia, delizia al cor, al_____ cor._____

Ossia

Ah!_____ croce e de li zia al cor._____

ah!_____ cro-ce e de-li-zia, de-lizia al cor-e, cro-ce e de-li-zia,al____ cor!_____

ah!_____ cro-ce e de-li-zia, de-li-zia al cor, cro-ce e de-li-zia, al_____

gio - ja,   vo' che

tro - vi,   ah!

ah!   ah,

tro - vi,   ah!

mio   pen - - sier!

Ah, fors'è lui che l'anima

È strano!...è strano!...in core
scolpiti ho quegli accenti!
Saria per me sventura un serio amore?
Che risolvi, o turbata anima mia?
Null'uomo ancora t'accendeva... Oh gioia
ch'io non conobbi, esser amata amando!
E sdegnarla poss'io
per l'aride follie del viver mio?
Ah, fors'è lui che l'anima
Solinga ne'tumulti,
godea sovente pingere
de' suoi colori occulti!...
Lui che modesto e vigile
all'egre soglie ascese,
e nuova febbre accese,
destandomi all'amor.
A quell'amor ch'è palpito
dell'universo intero,
misterioso altero,
croce e delizia al cor.
A me fanciulla un candido
e trepido desire
quest'effigiò dolcissimo
signor dell'avvenire,
quando ne' cieli il raggio
di sua beltà vedea
e tutta me pascea
di quel divino error.
Sentia che amore è palpito
dell'universo intero,
misterioso altero,
croce e delizia al cor!

아아, 바로 그 사람인가~꽃에서 꽃으로

이상하다!… 이상하다!… 마음속에
그 말이 새겨있다.
나에게 있어서 진실된 사랑은 불행일까?
어떻게 해야할까, 나의 어지러운 마음이여
지금까지 아무도 내 마음을 불태우진 못했다. 아아, 기쁨이여
내가 알지 못했던 사랑하고 사랑 받음을
그것을 내가 쉽게 생각할 수 있을까?
무미건조했던 내 삶의 어리석음 때문에?
아아, 바로 그 사람인가?
고독한 영혼이 불안함 속에서
몇 번인가, 그 신비의 빛을
그리는 걸 즐기고 있었던 것은!
조심스러운 그분은
병든 자의 집을 찾아가
다정한 그분은 새로운 정열에 불붙였다
나를 사랑에 눈뜨게 하면서
그 사랑으로
전 우주의 고동이며
신비스럽고, 그래서 고귀한
마음에는 고뇌와 환희가 있는 그 사랑으로
나 같은 여자도 순수하고
불안한 소원이
미래의 다정한 남편을
꿈꾸었다.
그리고 하늘에 계신 그분의
빛나는 눈빛을 보았을 때
나의 모든 것을 에워싸 버렸다
그 성스러운 사랑으로
그리고 느꼈어요. 사랑은
전 우주의 고동이며
신비스럽고, 그래서 고귀한
마음에는 고뇌와 환희가 있는 것이라고.

Follie!... follie... delirio vano è questo!

Povera donna, sola,

abbandonata in questo

popoloso deserto

che appellano Parigi,

che spero or più?...

Che far degg'io?... Gioire,

di voluttà nei vortici perir.

Sempre libera deggi'io

folleggiar di gioia in gioia,

vo' che scorra il viver mio

pei sentieri del piacer.

Nasca il giorno, o il giorno muoia,

sempre lieta ne' ritrovi

A diletti sempre nuovi

dee volare il mio pensier.

그런 어처구니없는! 바보 같은! 이것은 허무한 망상!

가엾은 여인, 외톨이로

버려진 나

사람들이 '파리'라고 부르고 있는

북적이는 사막 속에

이제 무엇을 바랄까

무엇을 해야 하나?··· 즐기는 일

기쁨의 소용돌이 속에서 죽는 일

언제나 자유로운 나는

기쁨에서 기쁨으로 떠돌아다녀야 해요

나의 인생을 보내고 싶다

기쁨의 길을 향해서

하루가 시작되도, 하루가 끝나도

언제나 모임 속에서 행복한 나

언제나 새로운 환회 속에

나의 생각은 날아가지 않으면 안된다.

「카발레리아 루스티카나」· 마스카니

L. 리자넥

Pietro Mascagni(1863~1945)

CAVALLERIA RUSTICANA
카발레리아 루스티카나
초연 : 1890년 5월 17일

등장인물

Santuzza	(soprano)	산투차 : 투리두를 사랑하는 마을 아가씨
Lola	(mezzo soprano)	롤라 : 알피오의 아내, 투리두의 옛애인
Turiddu	(tenore)	투리두 : 마을의 건달
Alfio	(baritono)	알피오 : 마부
Lucia	(alto)	루치아 : 투리두의 어머니

무 대

1890년경의 부활절, 시칠리아 섬의 마을

————————————

 이 곡은 리코르디 출판사에 대항하여 손초뇨 출판사의 1막짜리 오페라 현상모집에서 1등으로 당선된 곡이다. 이 오페라가 초연된 다음날부터 약관 26세의 마스카니는 세계적으로 유명한 작곡가가 되어 장래가 촉망되었는데 그는 이후 이 곡을 능가하는 작품은 만들지 못했다. '카발레리아 루스티카나'란 직역하면 '시골의 기사도'라는 뜻이며 마피아의 고장 시칠리아의 이야기로서, 이것은 실화에 바탕을 두고 베르가가 드라마로 만든 것이라고 한다. 지금도 시칠리아에서는 이러한 일이 실제로 빈번하게 일어나고 있다.

CAVALLERIA RUSTICANA

Voi lo sapete, o mamma

아시다시피 어머니도

「카발레리아 루스티카나」 에서

Pietro Mascagni

Voi lo sapete, o mamma

Voi lo sapete, o mamma,
prima d'andar soldato,
Turiddu aveva a Lola eterna fè giurato.
Tornò,
la seppe sposa;
e con un nuovo amore
volle spegner la fiamma
che gli bruciava il core:
m'amò l'amai.
Quell'invida d'ogni delizia mia,
del suo sposo dimentica...
arse di gelosia...
Me l'ha rapito...
Priva dell'onor mio rimango:
Lola e Turiddu s'amano,
io piango, io piango, io piango!

아시다시피 어머니도

당신도 그 일을 알고 계시죠. 어머니.
군에 가기 전
투리두는 롤라에게 영원한 사랑을 맹세했지요.
하지만 그 사람이 군에서 돌아왔을 때
롤라가 결혼했다는 걸 알았어요.
그러니 새로운 사랑을 잡는 것으로
그 사랑의 마음을 태운 사랑의 꽃을
지우려 한거죠.
그 사람은 나를 사랑했어요. 그리고 나도.
하지만 나의 행복을 질투한 그녀는
자기 남편 일도 잊고
질투에 몸을 불태웠던 겁니다.
그래요. 나에게서 그 사람을 빼앗아 간 거예요.
나의 마음은 산산히 부서졌어요.
롤라와 투리두는 서로 사랑하고 있어요.
나는 울고. 울고. 울고!

Gaetano Donizetti(1797~1848)

LUCIA DI LAMMERMOOR
람메르모르의 루치아

초연 : 1835년 9월 26일

등장인물

Lucia	(soprano)	루치아 : 엔리코의 누이동생
Edgardo	(tenore)	에르가르도 : 루치아의 연인
Enrico	(baritono)	엔리코 : 람메라모르의 영주, 루치아의 오빠
Raimondo	(basso)	라이몬도 : 람메르모르의 목사, 루치아의 가정교사 相手
Arturo	(tenore)	아르투로 : 루치아의 약혼자
Alisa	(mezzo soprano)	알리사 : 루치아의 시녀

무　대

17세기, 스코틀랜드

도니제티의 대표작. 「광란의 장(場)」은 도니제티의 소재 위에 역대
의 명 소프라노가 갈고 닦아 만든 것이다.

LUCIA DI LAMMERMOOR

Spargi d'amaro pianto

슬픔의 눈물로(광란의 장)

「람메르모르의 루치아」에서

Gaetano Donizetti

-sa!... Ed - gar - do! io ti son re - sa, Ed - gar - do!... Ah! Ed-gardo

mi - o!... sì, ti son re - sa; fug-gita io son da' tuoi nemi -

- ci, da' tuoi ne - mi - ci!...

Un ge-ló mi serpeg - gia nel sen!... Tre - ma ogni

fi - bra... va-cilla il pie'!... Pres - so lá fon - te me - co t'as - si - di al-

- quan - to sì,   pres - so la fon - te me - co t'as - si - di...

Allegretto

Allegretto

p

dolce

Allegro Vivace

Allegro Vivace

Ohi - mè !...

f

Sor - ge il tre - men - do fan - ta - sma

f

f

e   ne se - pa - ra !...   Ohi - mè !

f

Spar - sa è di ro - se!...

Un' ar - mo - nia ce - le - ste, di', non a - scol - ti?

Ah! l'inno suo - na di

noz- ze! Ah! Ah!

Ah!... l'in - no di noz - ze!... Il ri - to per noi s'appre - sta!...

-ce - re mi fia____ con____ te____ di - vi- so, con te, con

te.____ Del ciel____ cle - men - te, del ciel cle-men-te un

col canto

ri - so la vi-ta a noi____ sa - rà,____ la vi - ta a

no- i, a noi____ sa - rà, del ciel cle - men - te, cle- men - te un

ri - so la vita a no- i, a noi sa - rà,____ la

vi - ta a noi sa - rà, a no - i

sa - rà, sa - rà.

Che chie - di?

VARIAZIONI E CADENZE

바리에이션과 카덴짜

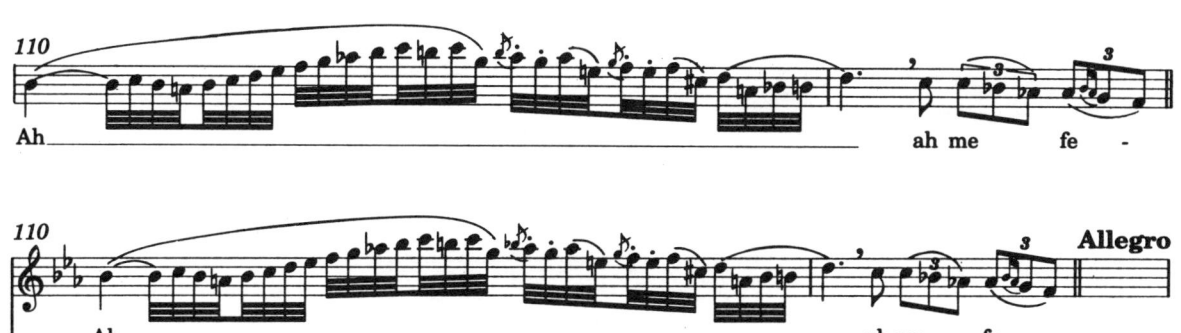

- ce e non ___ si di - ce!

ossia

Opp.

- ce e non si di - ce!

- ce e non si di - ce!

e ___ non si di - ce!

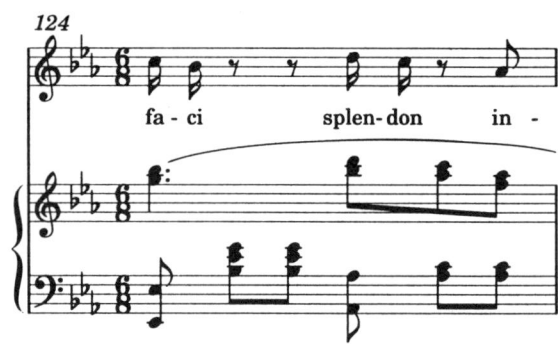

fa - ci splen - don in -

mi - o,

mi - o, a me ti do - na, a

do - na a

me ti ___ do - na un

me ti ___ do - na un

160
Canto
o - i
Flauto
160
Cadenza
no - i
Fl. o piano
Cadenza No 1
161
Canto
Ah!
Ah!
Ah!
Flauto
sempre
rit.
Presto
rit.
Presto
rit.
rit.
rall.
rall.

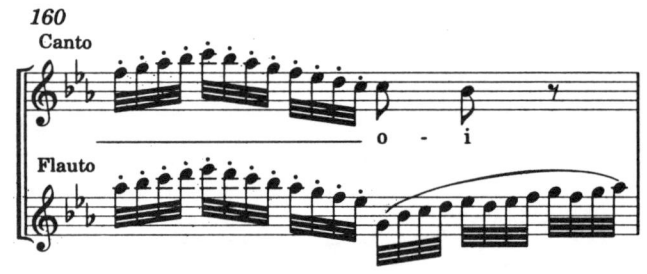

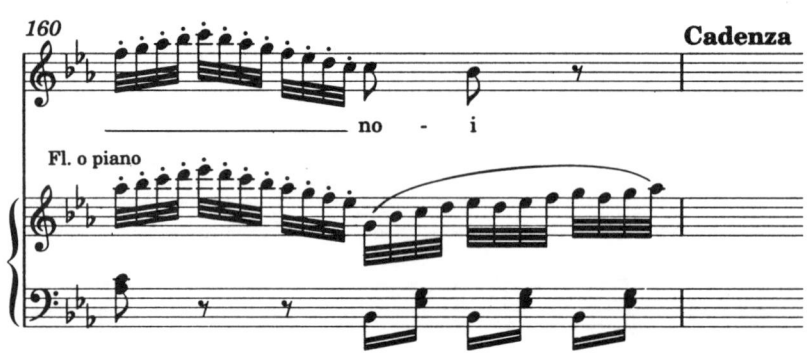

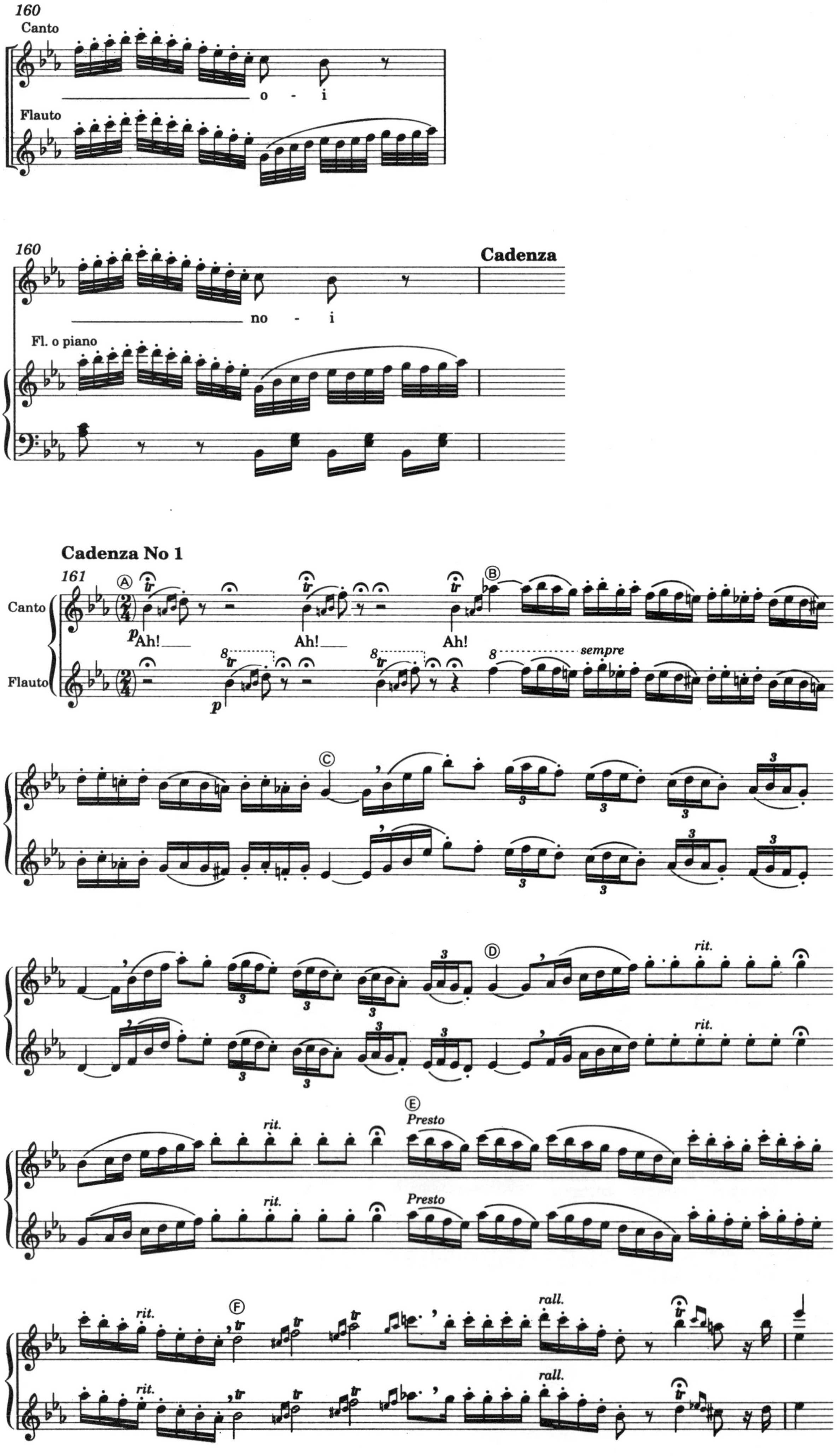

CADENZA No.2

CADENZA No.3

Canto

Flauto

Spargi d'amaro pianto

Il dolce suono mi colpì di sua voce!...

Ah quella voce m'è qui nel cor discesa!

Edgardo! Io ti son resa;

Fuggita io son da' tuoi nemici...

Un gelo mi serpeggia nel sen...

Trema ogni fibra!...

Vacilla il pié!... Presso la fonte,

meco t'assidi alquanto... Ohimè!

Sorge il tremendo fantasma

e ne separa!

Qui ricovriamo, Edgardo,

a pie' dell'ara...

Sparsa è di rose!...

Un'armonia celeste di', non ascolti?

Ah l'inno suona di nozze!

Il rito per noi s'appresta!...

Oh me felice!

Oh gioia che si sente e non si dice!

Ardon gl'incensi...

splendon le sacre faci intorno!

Ecco il ministro!...

Porgimi la destra Oh lieto giorno!

Alfin son tua sei mio!

A me ti dona un Dio...

Ogni piacer più grato

mi fia con te diviso...

Del ciel clemente un riso

la vita a noi sarà!

Che chiedi? Che chiedi?

Ah, me misera!

Non mi guardar si fiero...

Segnai quel foglio é vero,

Sì, sì, sì, é vero!

Nell'ira sua terribile

슬픔의 눈물로(광란의 장)

그분의 상냥한 목소리의 울림이 나의 가슴을 쳤어도

아아, 그 목소리가 나의 마음속에 내려왔어요.

에르가르도! 나는 당신의 곁으로 돌아가겠어요.

나는 당신의 적으로부터 도망쳐 왔어요.

가슴속에서 무언가 차가운 것이 느껴져요.

어떤 혈관은 떨고 있어요.

발이 휘청거려요.…분수 곁에서

나와 함께 잠시 있어줘요.…아아!

무서운 유령이 나타나

우리들을 떼어놓아요.

에르가르도, 여기서 우리 서로 의지해요.

이 제단이 있는 곳에서.

어머나, 장미가 장식되어 있네.

게다가 하늘의 가락, 음… 들리지 않아요?

아아, 저것은 혼례의 찬가야.

우리들의 식을 준비하고 있는 거야.

어머나, 행복한 나.

말로는 다할 수 없는 기쁨.

향기가 가득 차 있네.

주위에는 신성한 등불이 빛나고 있어.

보세요. 사제이시여.

오른손을 내밀고… 아아, 행복한 날!

마침내 나는 당신의 아내, 당신은 나의 남편.

나에게 하느님이 당신을 주시는 거죠.

어떤 기쁨보다도 행복한 기쁨을

나는 당신과 함께 나누는 거죠.

인생은 우리들 두 사람에게

신성한 축복이 되는 거죠.

무엇을 바라죠? 무엇을 바라죠?

아아, 비참한 나.

그렇게 비참하게 나를 보지 말아요.

나는 종이에 서명했어요. 정말로

그래. 정말로.

무서운 노여움 때문에.

calpesta, oh Dio l'anello!

Mi maledice!

Ah! vittima fui

d'un crudel fratello ;

ma ognor, ognor t'amai Edgardo,

e t'amo ancor,

ah! e t'amo ancor

Chi mi nomasti? Arturo!

Tu nomasti Arturo!

Ah! non fuggir...

Ah! Per pietà non fuggir...

Ah perdon! Ah perdon!

Ah non fuggir Edgardo!

Spargi d'amaro pianto

Il mio terrestre velo,

mentre lassù nel cielo

io pregherò per te

Al giunger tuo soltanto

fia bello il ciel per me!

Ah! Ch'io spiri accanto a te.

아아, 신이여. 그 반지를 짓밟는군요.

나를 비난하는군요

아아, 나는 희생되었어.

잔혹한 오빠의,

하지만 언제나 언제나 당신을 사랑하고 있어요. 에르가르도.

그리고 지금도 당신을 사랑하고 있어요.

아아, 지금도 당신을 사랑하고 있어요.

누구의 말을 했어요? 아르투로.

당신은 아르투로에 관한 말을 했어요.

아아, 가지 말아요.

아아, 소원이니 가지 말아요.

아아, 용서해 줘요. 아아, 용서해 줘요.

아아, 가지 말아요. 에르가르도.

제발 나의 무덤을

당신의 슬픈 눈물로 적셔 줘요.

그리고 나는 천국에서

당신을 위해서 기도하겠죠.

다만 당신이 이곳에 오기만 하면

하늘은 아름다워지겠죠.

아아, 당신 곁에서 죽어가고 싶어요.

Alfredo Catalani(1854~1893)

LA WALLY
라 왈리

초연 : 1892년 1월 20일

등장인물

Wally	(soprano)	왈리 : 슈트로밍거의 딸	
Stromminger	(basso)	슈트로밍거 : 호흐슈토프의 부유한 지주	
Vincenzo Gellner	(baritono)	빈첸초 겔너 : 왈리를 사랑하는 슈트로밍거의 집사	
Giuseppe Hagenbach	(tenore)	주세페 하겐바흐 : 왈리가 사랑하는 솔덴 태생의 사냥꾼	
Walter	(soprano)	발터 : 치터를 치는 소년	

무　대

1800년경, 스위스의 내륙 티롤 지방

───────────

　푸치니와 마찬가지로 루카에서 태어난 카탈라니는 4년 후배인 푸치니에게 심한 라이벌 의식을 갖고 있었다고 하는데 일찍 세상을 떠났기 때문에 푸치니와 대항할 수 있는 작품은 남기지 못했다. 이 작품은 그의 작품 중에서 가장 유명한 것이다.

Ebben? ...Ne andrò lontana

그렇다면 멀리 가버리겠어요

「라 왈리」에서··

Alfredo Catalani

Ebben? ...n'andrò lontana

Ebben? ...n'andrò lontana.

come va l'eco della pia campana,

là, fra la neve bianca,

là, fra le nubi d'or,

laddove la speranza è rimpianto, è dolor!

O della madre mia casa gioconda,

la Wally ne andrà da te lontana assai,

e forse a te non farà mai più ritorno,

né più la rivedrai!

Mai più, mai più!

N'andrò sola e lontana

그렇다면 멀리 가버리겠어요

그렇다면 멀리 가버리겠어요.

성스러운 종의 메아리가

저편 흰 구름 속에

저편 금빛 구름 속으로 흘러가듯이

그곳에서는 희망조차도 한탄이나 고뇌가 될 것입니다.

아아, 즐거웠던 우리 집이여.

왈리는 여기서부터 멀리 떨어져

틀림없이 두 번 다시 이곳에 돌아오는 일은 없을 겁니다.

다시 만나는 일은 없겠죠.

이제 두 번 다시, 이제 두 번 다시

나는 혼자 멀리 가버리겠어요.

Ruggero Leoncavallo(1858〜1919)

PAGLIACCI
팔리아치

초연 : 1892년 5월 21일

등장인물

Canio	(tenore)	카니오 : 유랑극단의 단장, 극중극에서는 팔리아초
Nedda	(soprano)	네다 : 카니오의 처, 극죽극에서는 콜롬비나
Tonio	(baritono)	토니오 : 극단원, 극중극에서는 타데오
Peppe	(tenore)	페페 : 극단원, 극중극에서는 아를레키노
Silvio	(baritono)	실비오 : 마을 청년, 네다의 애인

무 대

1865〜1870년경, 성모승천대축일(옛날에는 8월 1일, 현재는 8월 15일)
이탈리아 카라블리아 지방 몬타르토

―――――――――

《카발레리아 루스티카나》와 마찬가지로 손초뇨의 1막짜리 오페라 콩쿠르에 응모했던 작품인데 2막으로 나뉘어 있어 처음에는 탈락되었다. 그러나 내용이 좋아서 《카발레리아》와 두편을 함께 상연하는 것이 관례로 되었다. 이 제재도 레온카발로의 아버지가 재판관으로서 실제를 다룬 사건에서 취해졌으며 혈기가 왕성한 남이탈리아의 분위기를 잘 살리고 있다. 곡 중에서는 뭐니뭐니해도 카니오의 아리아 〈옷을 입어라〉가 압권이며 델 모나코가 도쿄에서 상연할 때 이 아리아가 끝나자 사람들이 마구 일어나 무대 앞으로 달려간 일도 있다. 어쨌든 이 곡은 사람의 마음을 홍분시키는 곡이다. 레온카발로는 이 곡을 능가하는 곡을 쓰지 못했기 때문에 이것은 그의 출세작인 동시에 최고 걸작이 되었다.

PAGLIACCI

Stridono lassù, liberamente

저하늘 높이 새들은 지저귀고

「팔리아치」에서

Ruggero Leoncavallo

can - to   e a me bam - bi - na   co - sì can - ta - va:

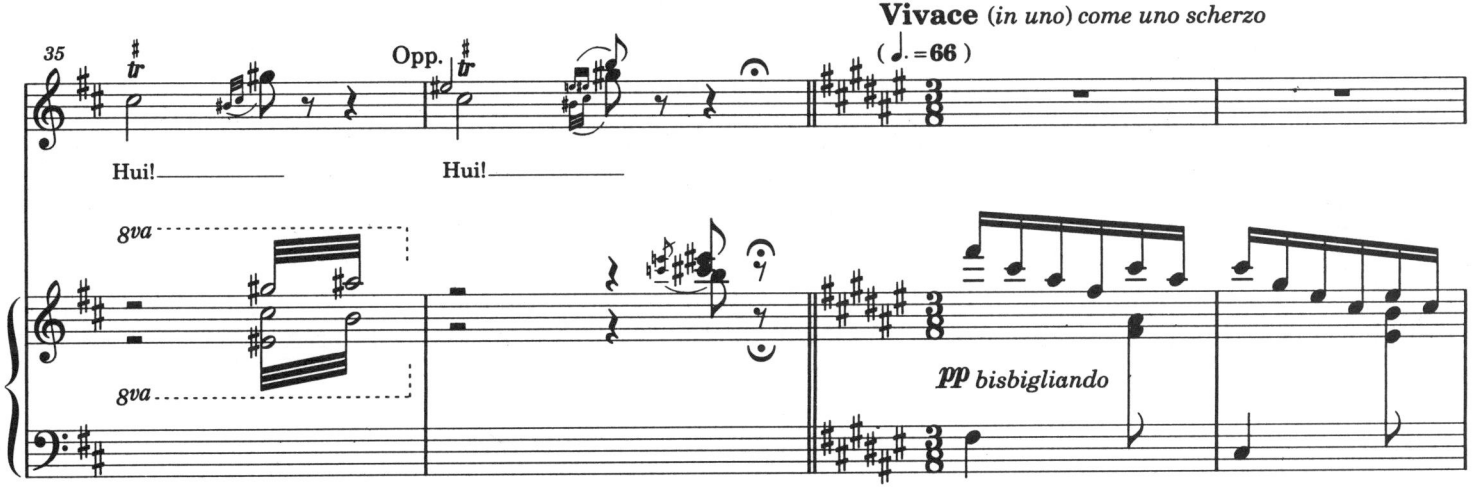

Hui!_____   Hui!_____

Vivace (in uno) come uno scherzo

pp bisbigliando

a tempo giusto senza mai affrettare

Stri - do - no las -

Stridono lassù, liberamente

Quel fiamma aveva nel guardo!

Gli occhi abbassai per tema

ch'ei leggesse

il mio pensier segreto!

Oh! s'ei mi sorprendesse...

brutale come egli è

Ma basti, orvia.

Son questi sogni paurosi e fole!

O che bel sole di mezz'agosto!

Io son piena di vita, e,

tutta illanguidita per arcano desio,

non so che bramo

Oh! che volo d'augelli,

e quante strida!

Che chiedon ?

Dove van ? chissà ... La mamma

mia, che la buona ventura annunziava,

comprendeva il lor canto

e a me bambina così cantava;

Hui! Stridono lassù, liberamente

lanciati a vol come frecce, gli augel.

Disfidano le nubi e'l sol cocente,

e vanno, e vanno per le vie del ciel.

Lasciateli vagar per l'atmosfera

questi assetati d'azzurro

e di splendor; seguono anch'essi

un sogno, una chimera,

e vanno, e vanno fra le nubi d'or.

Che incalzi il vento e latri

la tempesta, con l'ali aperte

san tutto sfidar; la pioggia,

i lampi, nulla mai li arresta,

e vanno, e vanno, su'gli abissi e i mar.

Vanno laggiù verso un paese strano

che sognan forse e che cercano invan.

Ma i boemi del ciel seguono l'arcano

poter che li sospinge...

e van... e van!

저 하늘 높이 새들은 지저귀고

저 눈이 얼마나 분노에 불타고 있었는지

나는 무의식적으로 눈을 돌려 버렸다.

그 사람이 나의 숨긴 마음을

간파하는 것은 아닐까 하는 두려움에

아아, 만일 그 사람이 알아차리기라도 한다면

그 사람은 매우 난폭한 남자인 만큼

하지만 그런 일은 아무래도 좋아요.

이것은 무서운 상상이나 바보 같은 이야기.

아아, 너무나 아름다운 태양.

나는 생기에 넘쳐 있어요.

숨긴 사랑 때문에 풀이 죽긴 했지만

제 자신도 도대체 무엇을 바라고 있는지 알 수 없어요.

아아, 새들은 날고

서로 지저귀고 있어요.

무엇을 서로 이야기하고 있는지

어디로 가는 걸까? 누구도 알 수 없어.

나의 어머니는 멋진 미래를 예언할 수 있었고

새들의 노래 소리를 이해하고 있었어요.

그리고 아이였던 나에게 노래해 주었어요.

휴우~! 저 하늘 높이 새들은 지저귀고

자유롭게 제멋대로, 마치 나는 화살처럼

구름과 타는 듯한 태양에 도전하고

날고, 달려든다. 하늘 저편으로

방황하는 대로 방황하게 하라.

이 동경하는 자들을, 저 빛나는 검푸른 넓은 하늘로

새들도

꿈을, 공상을 추구하며

황금의 구름 사이로, 계속 나는 것이다.

바람이 분다.

폭풍우가 불어도 새들은 그 펼친 양 날개로

끝까지 헤쳐나가는 방법을 알고 있다. 비, 천둥,

새들의 앞길을 가로막는 것은 아무 것도 없다.

그들은 난다. 끝없는 바다 위를

미지의 땅을 향해서 날아간다.

새들이 꿈에 그리는, 구해도 얻을 수 없는 땅으로

그래도 넓은 하늘을 방황하는 새들은

그들을 몰아치는 숨은 힘을 날개 삼아

날아간다!

Pietro Mascagni(1863~1945)

LODOLETTA
로돌레타

초연 : 1917년 4월 30일

등장인물

Lodoletta	(soprano)	로돌레타 :	고아 소녀
Flammen	(tenore)	플라멘 :	파리에서 추방된 화가
Giannotto	(Baritono)	자노토 :	로돌레타를 사모하는 마을의 젊은이
Antonio	(basso)	안토니오 :	로돌레타의 양아버지

무 대

1853년. 네덜란드와 파리

———————

"푸치니 녀석은 내가 《이리스》를 만들면 《나비부인》을 작곡하고, 《로돌레타(종달새)》를 내놓으면 《론디네(제비)》를 내놓는다."고 마스카니가 화를 냈다고 하는데 이 곡은 푸치니의 냄새가 느껴진다. 약간 감상적이지만 좋은 곡이다.

Flammen, perdonami

플라멘, 나를 용서해줘요

「로돌레타」에서

Pietro Mascagni

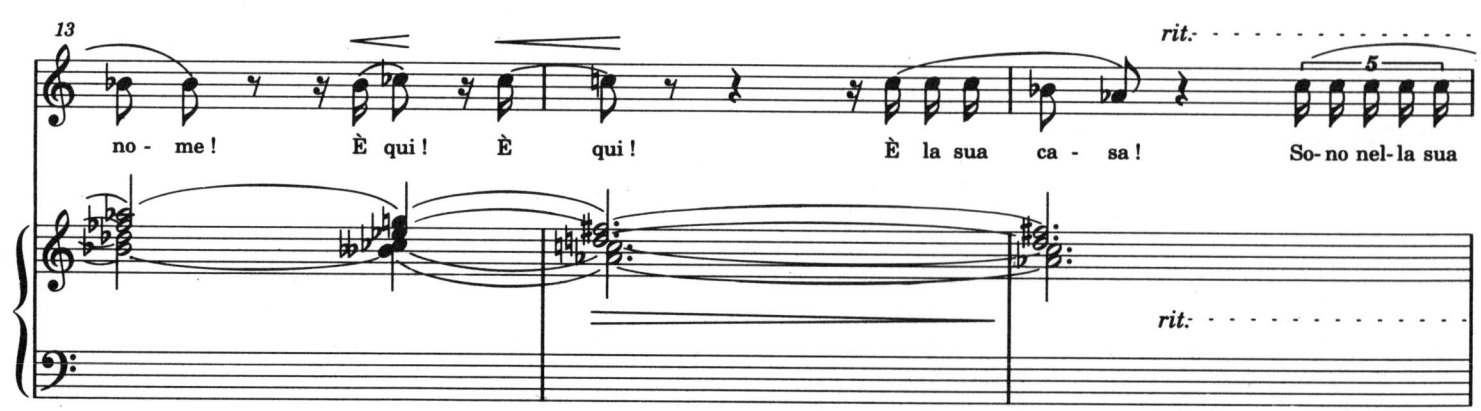

104

Flammen, perdonami   플라멘, 나를 용서해 줘요

Ah! il suo nome!   아아, 그의 이름이여
È qui! È qui!   여기예요. 여기예요.
È la sua casa!   그의 집이예요.
Sono nella sua casa!   나는 그의 집에 다다랐습니다.
M'aspettava!   나를 기다리고 있던
Il cancello socchiuso,   문은 반정도 열리고
la casa illuminata ed ogni notte   집에는 불빛이 비치고
sarà stato così...   밤마다 그랬지요.
Quanto m'avrà aspettato!   얼마나 나를 기다렸을까요.
Quanto avrà pianto!   얼마나 눈물을 흘렸을까요.
Questo pensiero ha dato a Lodoletta   이 생각을 로돌레타에게
la forza di volare tanto!...tanto!   많은 힘을 준
Poveri zoccoletti, quanta strada!   가엾은 나무신이여, 얼마나 지독한 길이었는지.

Ho sofferto la fame.. il freddo... il sonno...   배고픔에 고생했다. 그리고 추위와 졸음에.
ed ogni sera al tramontar del sole,   그리고 밤마다, 태양이 질 때
quanta paura!   얼마나 무서운 일인가.
Ora non soffro più, non ho paura;   지금은 이미 고통스럽지도 우섭지도 않다.
sono vicina a lui e posso dirgli: 나는 그의 곁에 있어 무엇이든지 전할 수 있으니까.

Flammen, perdonami! Non pianger più!   플라멘 나를 용서해 줘요. 울지 말아요.
Son io! Son Lodoletta!   나예요. 로돌레타예요.
Non potevo più vivere senza di te!   벌써 당신 없이는 살수 없어요.
Ho abbandonato tutto... son fuggita...   나는 모든 것을 버리고, 도망치고
son venuta ad offrirti la mia vita!   나의 목숨을 바치러 왔어요.
Il mio signore e l'amore mio sei tu!   나의 신과 나의 사랑은 당신입니다.
Flammen, perdonami! non pianger più!   플라멘, 나를 용서해 줘요. 이젠 울지 말아요.

LODOLETTA

Flammen! pietà, pietà

플라멘, 불쌍히 여겨줘요

「로돌레타」에서

Pietro Mascagni

tu mi di-ce-sti "bel- la!"_____ ed i - o tre -
- ma - i...
Guar- da-mi !_____
guar - da-mi !_____ son tut- ta la-ce-ra,___ son
li - - vi-da di fred - do... ma son co - sì per te,_____

A tempo sempre sost.

I. Tempo

I. Tempo

cresc. e sost.^{do}moltiss.

Flammen! pietà, pietà

Flammen! pietà, pietà!
Un giorno mi chiamasti:
<il fiore del sorriso>
tu mi dicesti : <bella> ed io tremai...
Guardami, guardami!
Son tutta lacera,
son livida di freddo..
ma son così per te, per amor tuo...
dimmi ancora che m'ami
abbi pietà di me
io t'amo! io t'amo!...

플라멘, 불쌍히 여겨줘요

플라멘, 불쌍히 여겨줘요.
어느 날 당신은 나를
〈미소의 꽃〉 이라고 불렀지요.
나는 아름답다고도 말했죠. 그리고 나는 떨었어요.
나를 봐요. 나를 봐줘요.
나는 갈기갈기 찢어져
추위로 창백해져 버렸다오.
당신을 위하여, 당신의 사랑을 위하여 이렇게 된거요.
다시 한번 나를 사랑하고 있다고 말해줘요.
나를 불쌍히 여겨줘요.
나는 당신을 사랑하고 있소! 나는 당신을 사랑하고 있소!

Ruggero Leoncavallo(1858〜1919)

ZAZÀ
자자

초연 : 1900년 11월 10일

등장인물

Zazá	(soprano)	자자 : 여배우
Milio Dufresne	(tenore)	밀리오 뒤프레즈네 : 배우, 자자의 연인
Cascart	(baritono)	카스카르 : 배우, 자자의 옛애인
Bussy	(baritono)	뷔시 : 신문기자
Courtois	(baritono)	쿠르투아 : 홍행사
Totò	(bambina)	토토 : 밀리오의 딸

무　대

상연 당시의 시대, 파리, 생 에티엔

지나치게 현실적이어서 잘 상연되지 않으나 좋은 곡이 곳곳에 있다.

ZAZÀ

Ammogliato!

결혼하고 있다니!

「자자」에서

Ruggero Leoncavallo

(1)Ave Maria di Cherubini

Il nostro cuo - re a la spe - ranza in - va - no si a - pri - rà!

Noi siam le ma - le - det - te!... Il mondo ci ri - fiu - ta anche l'a -

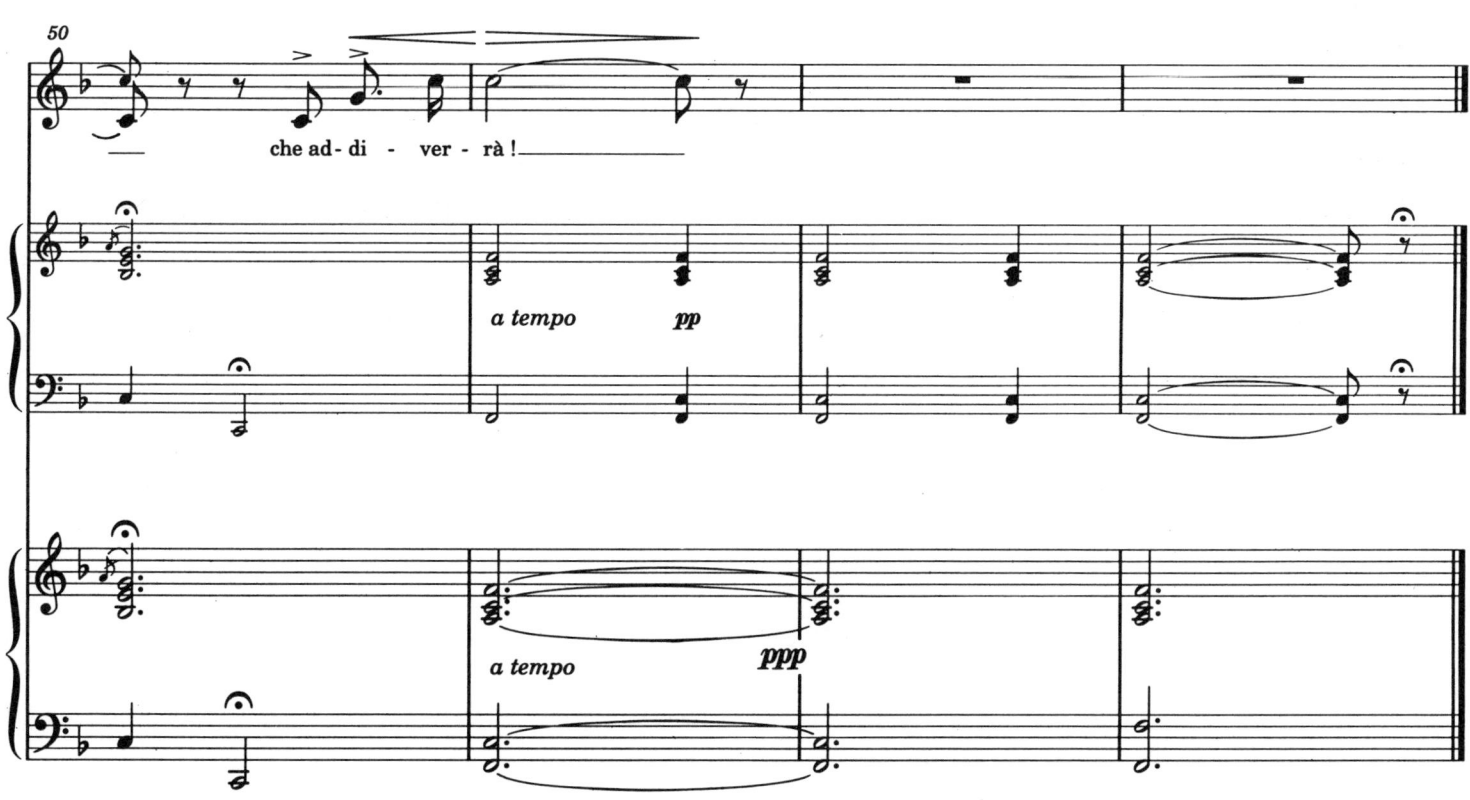

Ammogliato !

결혼하고 있다니!

Ammogliato !... Ammogliato!...

E un angelo ha per figlia !...

Ho sognato !... Ho sognato !...

Dir che ci sono al mondo

creature nate fra gli agi

e contro il mal protette,

che al'uom prescelto

se ne vanno pure,

spose felici e madri benedette !

E non sono paghe !

E ignorano i dolori

di noi cresciute al freddo

ed alla fame !

Che stanche alfine

di cotanti orror

cerchiamo scampo

nella vita infame !

Noi le maledette !

Il nostro cuore a la speranza

invano si aprirà

Noi siam le maledette,

Il mondo ci rifiuta anche l'amor !

L'amor !

Quanto dolor !

Di me che addiverrà ?

Di me che addiverrà ?

결혼하고 있다니! 결혼하고 있다니!

그에게는 천사 같은 딸도 있고…

나의 꿈이었는데! …나의 꿈이었는데!…

이 세상에는 유복하게 태어나

고통을 모르는 여자들이 있다.

선택된 남자에게

순수한 그대로 출가해서

행복한 신부가 되고

축복 받은 어머니가 된다.

그래도 그녀들은 만족하지 않습니다.

추위와 굶주림 속에서

자란 우리들의 고통을

그녀들은 알지 못하는 것입니다.

끝내 많은 괴로움으로

지쳐버려

우리들은 목숨을 걸고

몸을 파는 것입니다.

우리들은 저주받은 여자들.

우리들의 마음은 자포자기한 채

희망을 포기했다.

우리들은 저주받은 여자들.

이 세상은 사랑하는 것조차도 우리들을 거절합니다.

사랑하는 것조차도.

뭐라고 표현할 수 없는 고통.

나는 어떻게 되는 걸까?

나는 어떻게 되는 걸까?

Giuseppe Verdi(1813~1901)

I VESPRI SICILIANI
시칠리아 섬의 저녁 기도

초연 : 1855년 6월 13일

등장인물

Duchessa Elena	(soprano)	엘레나 왕녀 :	전 시칠리아 왕의 누이동생
Arrigo	(tenore)	아리고 :	왕녀를 사랑하는 시칠리아의 젊은이
Guido di Monforte	(baritono)	몽포르테 :	프랑스의 시칠리아 총독
Giovanni da Procida	(basso)	조바니 다 프로치다 :	시칠리아 독립운동 지사

무 대

1282년(3월 30일 부활절 월요일), 팔레르모

───────────────

전체적으로 보았을 때 무리한 점도 많으나 곳곳에 명곡이 있다.

I VESPRI SICILIANI

Mercè, dilette amiche

친구여, 고맙소

「시칠리아 섬의 저녁 기도」 에서

Giuseppe Verdi

-ma - gi - ne_____ del vo - stro bel can - dor!_____ Oh! for - tu - na - to il

vin - col che mi pre - pa - ra a - mo - re, se voi re - ca - te

pro - nu - be vo - ti fe - li - ci al co - re! mer - cè del

don, mer - cè del don, ah! sì _____

i - neb - - - bri - ò!

Oh___ piag - ge di Si - ci - li - a,___ ri - splen - da un dì se -

126

sen - si i - neb - bri - ò,   ah!

che   che tut - ti i sen - si i - neb - bri - ò, che i sen -

- si i - neb - bri - - - ò!

VARIAZIONI E CADENZE
바리에이션과 카덴짜

Mercè, dilette amiche

Mercè, dilette amiche,
di quei leggiadri fior,
il caro dono è immagine
del vostro bel candor!
Oh! fortunato il vincol
che mi prepara amore,
se voi recate pronube
voti felici al core!
Mercè del don, ah sì, ah sì,
O caro sogno, o dolce ebbrezza!
D'ignoto amor mi balza il cor!
Celeste un'aura già respiro,
Che tutti i sensi inebbriò
Oh piagge di Sicilia, risplenda un dì seren;
Assai vendette orribili ti laceraro il sen!
Di speme colma e immemore
di quanto il cor soffrì
il giorno del mio giubilo
sia di tue glorie il dì
Gradisco il don di questi fior,
ah sì, ah sì!
O caro sogno,...

친구여, 고맙소

친구여, 고맙소.
이 아름다운 꽃들은
이 귀여운 선물은
당신들의 아름다운 순수함의 상징입니다.
아아, 사랑이 나에게 전해준 결실은
행복한 것이 될 것입니다.
만일 당신들이 내 곁에서 나를 따르고
내 마음에 행복을 가져다준다면!
아아, 정말로 고맙소. 이 선물을
오오. 사랑스런 꿈이여, 달콤한 숨결이여!
미지의 사랑에 나의 마음은 춤춘다.
이미 나는 하늘의 대기를 호흡하고
그것은 모든 감각을 취하게 해버렸다.
오오, 시칠리아의 해변이여, 맑은 날은 다시 빛난다.
무서운 복수가 당신의 가슴을 찢어 버렸다.
희망에 찬 이 마음도
어느 정도의 고뇌에 견디었는지 잊을 수 없습니다.
나의 행복한 날은
당신의 영광의 날이기도 한 것처럼
이 꽃의 선물을 기꺼이 받겠습니다.
아아, 정말로, 정말로,
오오. 사랑스러운 꿈이여...

찾 아 보 기 Ⅰ～Ⅳ

오페라	아리아	페이지
【Ⅰ】 LE NOZZE DI FIGARO K.492 (Mozart) 피가로의 결혼	*Non so piu cosa son, cosa faccio* 자기가 자기를 알 수 없다	12
	Voi che sapete che cosa é amor 사랑이란 어떤 것일까	18
	Porgi amor qualche ristoro 사랑의 신이여 굽어 보시옵소서	23
	Venite inginocchiatevi 자, 무릎을 꿇고	27
	Dove sono i bei momenti 즐거운 추억은 어디로	34
	Il capro e la capetta son sempre in amistà 숫염소와 암염소는 사이가 좋다	42
	Deh, vieni, non tardar 드디어 즐겁고 기쁜 때가 왔다	48
IL RE PASTORE K.208 (Mozart) 양치기 임금님	*L'amerò sarò costante* 그녀를 사랑하자	54
DON GIOVANNI K.527 (Mozart) 돈 조반니	*Betti, batti, bel Masetto* 때려줘요	64
	Vedrai, carino, se sei buonino 애인이여, 자, 이 약으로	71
COSÍ FAN TUTTE (Mozart) 코지 판 투테	*Come scoglio immoto resta* 바위처럼 움직이지 않고	78
	Una donna a quindici anni 여자도 15세가 되면	89
	In uomini, in soldati 남자들, 더구나 병사는	96
	È amore un ladroncello 사랑은 수상한 놈	102
RIGOLETTO (Verdi) 리골레토	*Caro nome che il mio cor* 그리운 사람의 이름은	110
UN BALLO IN MASCHERA (Verdi) 가면무도회	*Saper vorreste di che si veste* 어떤 의상인가 보고 싶겠지	120
IL TROVATORE (Verdi) 일 트로바토레	*D'amor sull' ali rosee* 사랑은 장미빛 날개를 타고	126
LA TRAVIATA (Verdi) 춘희	*Addio, del passato* 안녕, 지난 날들이여	134
ERNANI (Verdi) 에르나니	*Ernani, Ernani, involami* 에르나니여, 함께 도망쳐요	142
LA FORZA DEL DESTINO (Verdi) 운명의 힘	*Pace, pace, mio Dio* 신이시여, 평화를 주소서	156
ADRINA LECOUVREUR (Cilea) 아드리아나 르크브뢰르	*Io sono l'umile ancella* 나는 천한 종	166
	Poveri fiori 가련한 꽃	170
【Ⅱ】 MANON LESCAUT (Puccini) 마농 레스코	*In quelle trine morbide* 저 부드러운 레이스 속에서	12
	Sola, perduta, abbandonata 버려져, 혼자 쓸쓸히	15
LA BOHÈME (Puccini) 라 보엠	*Mi chiamano Mimì* 내 이름은 미미	22
	Quando m'en vo' 내가 거리를 걸을 때	28
	Donde lieta 당신의 사랑의 외침 소리에	32
TOSCA (Puccini) 토스카	*Vassi d'arte, vissi d'amore* 노래에 살고, 사랑에 살고	38
MADAMA BUTTERFLY (Puccini) 나비 부인	*Un bel dì vedremo* 어느 개인 날	44
	Tu, tu, piccolo Iddio! 귀여운 아가	51
LA RONDINE (Puccini) 제비	*Sogno di Doretta* 도레타의 꿈의 노래	56
SUOR ANGELICA (Puccini) 수녀 안젤리카	*Senza mamma* 어머니도 없이	62
	Amici fiori 귀여운 꽃들아	69

오페라	아리아	페이지
GIANNI SCHICCHI (Puccini) 쟌니 스키키	*O mio babbino cao* 아버지에게 바랍니다	76
TURANDOT (Puccini) 투란도트	*Signore, ascolta!* 들어 주세요	80
	Tu, che di gel sei cinta 얼음과 같은 공주의 마음도	83
L'AMICO FRITZ (Mascagni) 친구 프리츠	*Son pochi fiori* 약간의 꽃을	88
	Non mi resta che il pianto ed il dolore 눈물과 고통만이 남아있다	93
ANNA BOLENA (Donizetti) 안나 볼레나	*Al dolce guidami castel natio* 내가 태어난 그 성	98
LUCREZIA BORGIA (Donizetti) 루크레치아 보르지아	*Come è bello! Quale incanto* 그 마법사는 얼마나 아름다운지	110
LUCIA DI LAMMERMOOR (Donizetti) 람메르모르의 루치아	*Regnava nel silenzio* 주위는 침묵에 잠겨	120
LA FIGLIA DEL REGGIMENTO (Donizetti) 연대의 아가씨	*Convien partir!* 안녕!	138
RINDA DI CHAMOUNIX (Donizetti) 샤무니의 린다	*O luce di quest' anima* 이 마음의 빛	146
DON PASQUALE (Donizetti) 돈 파스콸레	*Quel guardo il cavaliere* 기사의 뜨거운 눈길	158
【III】 LA CAMBIALE DI MATRIMONIO (Rossini) 결혼 어음	*Vorei spiegavi il giubilo* 이 환희를 들어 주십시오	12
LA GAZZA LADRA (Rossini) 도둑 까치	*Tutto sorridere* 모두 미소짓고	28
SEMIRAMIDE (Rossini) 세미라미데	*Bel raggio lusinghier* 아름다운 빛에	38
GUGLIELMO TELL (Rossini) 윌리엄 텔(굴리엘모 텔)	*Selva opaca* 어두운 숲	54
IL BARBIERE DI SIVIGLIA (Rossini) 세빌랴의 이발사	*Una voce poco fà* 지금의 노래소리	66
OTELLO (Rossini) 오델로	*Assisa a piè d' un salice* 버드나무 아래에 앉아서	80
LA SONNAMBULA (Bellini) 몽유병의 여자	*Come per me sereno* 마음도 상쾌하고	86
	Ah! non credea mirati 아아, 믿어지지 않아	101
I CAPULETI ED I MONTECCHI (Bellini) 카플레티 가와 몬테키 가	*Oh! quante volte, oh! quante* 아아, 몇번인가	118
I PURITANI (Bellini) 청교도	*Son vergin vezzosa* 나는 아름다운 소녀	126
	Qui la voce sua soave 당신의 정다운 목소리가	140
【IV】 NORMA (Bellini) 노르마	*Casta Diva, che inargenti* 청순한 여신이여	8
BIANCA E FERNANDO (Bellini) 비안카와 페르난도	*Sorgi, o padre, e la figlia rimira* 아아, 일어서세요 아버님	16
LA TRAVIATA (Verdi) 춘희(라 트라비아타)	*Ah, fors'è lui che l'anima* 아아, 바로 그사람인가~꽃에서 꽃으로	26
CAVALLERIA RUSTICANA」 (Mascagni) 카발레리아 루스티카나	*Voi lo sapete, o mamma* 어머니도 아시다시피	44
LUCIA DI LAMMERMOOR (Donizetti) 람메르모르의 루치아	*Spargi d'amaro pianto* 슬픔의 눈물로(광란의 장)	50
LA WALLY (Catalani) 라 왈리	*Ebben? ...Ne andrò lontana* 그렇다면 멀리 가버리겠어요	80
PAGLIACCI (Leoncavallo) 팔리아치	*Stridono lassù, liberamente* 저하늘 높이 새들은 지저귀고	86
LODOLETTA (Mascagni) 로돌레타	*Flammen, perdonami* 플라멘, 나를 용서해줘요	100
	Flammen! pietà, pietà 플라멘, 불쌍히 여겨줘요	106
ZAZÁ (Leoncavallo) 자자	*Ammogliato!* 결혼하고 있다니!	112
IVESPRI SICILIANI ((Verdi) 시칠리아 섬의 저녁 기도	*Mercè, dilette amiche* 친구여, 고맙소	120

찾 아 보 기 Ⓐ ~ Ⓩ

Ⓐ *Addio, del passato* ································ LA TRAVIATA (Verdi) ································ I ······ 134
안녕, 지난 날들이여   춘희

Ah! non credea mirati ···························· LA SONNAMBULA (Bellini) ···················· Ⅲ ···· 101
아아, 믿어지지 않아   몽유병의 여자

Ah, fors'è lui che l'anima ····················· LA TRAVIATA (Verdi) ······························· Ⅳ ····· 26
아아, 바로 그사람인가~꽃에서 꽃으로   춘희(라 트라비아타)

Al dolce guidami castel natio ················ ANNA BOLENA (Donizetti) ··················· Ⅱ ····· 98
내가 태어난 그 성   안나 볼레나

Amici fiori ··· SUOR ANGELICA (Puccini) ·················· Ⅱ ····· 69
귀여운 꽃들아   수녀 안젤리카

Ammogliato! ·· ZAZÁ (Leoncavallo) ····························· Ⅳ ···· 112
결혼하고 있다니!   자자

Assisa a piè d' un salice ······················ OTELLO (Rossini) ································ Ⅲ ····· 80
버드나무 아래에 앉아서   오델로

Ⓑ *Bel raggio lusinghier* ··························· SEMIRAMIDE (Rossini) ······················· Ⅲ ····· 38
아름다운 빛에   세미라미데

Betti, batti, bel Masetto ······················· DON GIOVANNI K.527 (Mozart) ·········· I ····· 64
때려줘요   돈 조반니

Ⓒ *Caro nome che il mio cor* ····················· RIGOLETTO (Verdi) ···························· I ···· 110
그리운 사람의 이름은   리골레토

Casta Diva, che inargenti ····················· NORMA (Bellini) ································· Ⅳ ······ 8
청순한 여신이여   노르마

Come è bello! Quale incanto ··············· LUCREZIA BORGIA (Donizetti) ·········· Ⅱ ···· 110
그 마법사는 얼마나 아름다운지   루크레치아 보르지아

Come per me sereno ····························· LA SONNAMBULA (Bellini) ················ Ⅲ ····· 86
마음도 상쾌하고   몽유병의 여자

Come scoglio immoto resta ·················· COSÍ FAN TUTTE (Mozart) ················· I ····· 78
바위처럼 움직이지 않고   코지 판 투테

Convien partir! ····································· LA FIGLIA DEL REGGIMENTO (Donizetti) ······· Ⅱ ··· 138
안녕!   연대의 아가씨

Ⓓ *D'amor sull' ali rosee* ·························· IL TROVATORE (Verdi) ······················ I ···· 126
사랑은 장미빛 날개를 타고   일 트로바토레

Deh, vieni, non tardar ·························· LE NOZZE DI FIGARO K.492 (Mozart) ······· I ····· 48
드디어 즐겁고 기쁜 때가 왔다   피가로의 결혼

Donde lieta ·· LA BOHÈME (Puccini) ······················· Ⅱ ····· 32
당신의 사랑의 외침 소리에   라 보엠

Dove sono i bei momenti ······················ LE NOZZE DI FIGARO K.492 (Mozart) ······· I ····· 34
즐거운 추억은 어디로   피가로의 결혼

Ⓔ *È amore un ladroncello* ························ COSÍ FAN TUTTE (Mozart) ················· I ···· 102
사랑은 수상한 놈   코지 판 투테

Ebben? ...Ne andrò lontana ··················· LA WALLY (Catalani) ························· Ⅳ ····· 80
그렇다면 멀리 가버리겠어요   라 월리

Ernani, Ernani, involami ····················· ERNANI (Verdi) ································ I ···· 142
에르나니여, 함께 도망쳐요   에르나니

Ⓕ *Flammen, perdonami* ···························· LODOLETTA (Mascagni) ···················· Ⅳ ···· 100
플라멘, 나를 용서해줘요   로돌레타

Flammen! pietà, pietà ··························· LODOLETTA (Mascagni) ···················· Ⅳ ···· 106
플라멘, 불쌍히 여겨줘요   로돌레타

Ⓘ *Il capro e la capetta son sempre in amistà* ··· LE NOZZE DI FIGARO K.492 (Mozart) ······· I ····· 42
숫염소와 암염소는 사이가 좋다   피가로의 결혼

In quelle trine morbide ························· MANON LESCAUT (Puccini) ··············· Ⅱ ····· 12
저 부드러운 레이스 속에서   마농 레스코

In uomini, in soldati ···························· COSÍ FAN TUTTE (Mozart) ················· I ····· 96
남자들, 더구나 병사는   코지 판 투테

Io sono l'umile ancella ························· ADRINA LECOUVREUR (Cilea) ············ I ···· 166
나는 천한 종   아드리아나 르크브리르

Ⓛ *L'amerò sarò costante* ·························· IL RE PASTORE K.208 (Mozart) ··········· I ····· 54
그녀를 사랑하자   양치기 임금님

Ⓜ *Mercè, dilette amiche* ·························· IVESPRI SICILIANI ((Verdi) ··············· Ⅳ ···· 120
친구여, 고맙소   시칠리아 섬의 저녁 기도

Mi chiamano Mimì ······························ LA BOHÈME (Puccini) ······················· Ⅱ ····· 22
내 이름은 미미   라 보엠

Ⓝ *Non mi resta che il pianto ed il dolore* ····· L'AMICO FRITZ (Mascagni) ·············· Ⅱ ····· 93
눈물과 고통만이 남아있다   친구 프리츠

Non so piu cosa son, cosa faccio ··········· LE NOZZE DI FIGARO K.492 (Mozart) ······· I ····· 12
자기가 자기를 알 수 없다   피가로의 결혼

O	*O luce di quest' anima*	RINDA DI CHAMOUNIX (Donizetti)	II	146
	이 마음의 빛	샤무니의 린다		
	O mio babbino cao	GIANNI SCHICCHI (Puccini)	II	76
	아버지에게 바랍니다	쟌니 스키키		
	Oh! quante volte, oh! quante	I CAPULETI ED I MONTECCHI (Bellini)	III	118
	아아, 몇번인가	카플레티 가와 몬테키 가		
P	*Pace, pace, mio Dio*	LA FORZA DEL DESTINO (Verdi)	I	156
	신이시여, 평화를 주소서	운명의 힘		
	Porgi amor qualche ristoro	LE NOZZE DI FIGARO K.492 (Mozart)	I	23
	사랑의 신이여 굽어 보시옵소서	피가로의 결혼		
	Poveri fiori	ADRINA LECOUVREUR (Cilea)	I	170
	가련한 꽃	아드리아나 르크브뢰르		
Q	*Quando m'en vo'*	LA BOHÈME (Puccini)	II	28
	내가 거리를 걸을 때	라 보엠		
	Quel guardo il cavaliere	DON PASQUALE (Donizetti)	II	158
	기사의 뜨거운 눈길	돈 파스콸레		
	Qui la voce sua soave	I PURITANI (Bellini)	III	140
	당신의 정다운 목소리가	청교도		
R	*Regnava nel silenzio*	LUCIA DI LAMMERMOOR (Donizetti)	II	120
	주위는 침묵에 잠겨	람메르모르의 루치아		
S	*Saper vorreste di che si veste*	UN BALLO IN MASCHERA (Verdi)	I	120
	어떤 의상인가 보고 싶겠지	가면무도회		
	Selva opaca	GUGLIELMO TELL (Rossini)	III	54
	어두운 숲	윌리엄 텔(굴리엘모 텔)		
	Senza mamma	SUOR ANGELICA (Puccini)	II	62
	어머니도 없이	수녀 안젤리카		
	Signore, ascolta!	TURANDOT (Puccini)	II	80
	들어 주세요	투란도트		
	Sogno di Doretta	LA RONDINE (Puccini)	II	56
	도레타의 꿈의 노래	제비		
	Sola, perduta, abbandonata	MANON LESCAUT (Puccini)	II	15
	버려져, 혼자 쓸쓸히	마농 레스코		
	Son pochi fiori	L'AMICO FRITZ (Mascagni)	II	88
	약간의 꽃을	친구 프리츠		
	Son vergin vezzosa	I PURITANI (Bellini)	III	126
	나는 아름다운 소녀	청교도		
	Sorgi, o padre, e la figlia rimira	BIANCA E FERNANDO (Bellini)	IV	16
	아아, 일어서세요 아버님	비안카와 페르난도		
	Spargi d'amaro pianto	LUCIA DI LAMMERMOOR (Donizetti)	IV	50
	슬픔의 눈물로(광란의 장)	람메르모르의 루치아		
	Stridono lassù, liberamente	PAGLIACCI (Leoncavallo)	IV	86
	저하늘 높이 새들은 지저귀고	팔리아치		
T	*Tu, che di gel sei cinta*	TURANDOT (Puccini)	II	83
	얼음과 같은 공주의 마음도	투란도트		
	Tu, tu, piccolo Iddio!	MADAMA BUTTERFLY (Puccini)	III	51
	귀여운 아가	나비 부인		
	Tutto sorridere	LA GAZZA LADRA (Rossini)	III	28
	모두 미소짓고	도둑 까치		
U	*Un bel dì vedremo*	MADAMA BUTTERFLY (Puccini)	II	44
	어느 개인 날	나비 부인		
	Una donna a quindici anni	COSÍ FAN TUTTE (Mozart)	I	89
	여자도 15세가 되면	코지 판 투테		
	Una voce poco fà	IL BARBIERE DI SIVIGLIA (Rossini)	III	66
	지금의 노래소리	세빌라의 이발사		
V	*Voi lo sapete, o mamma*	CAVALLERIA RUSTICANA」 (Mascagni)	IV	44
	어머니도 아시다시피	카발레리아 루스티카나		
	Vassi d'arte, vissi d'amore	TOSCA (Puccini)	II	38
	노래에 살고, 사랑에 살고	토스카		
	Vedrai, carino, se sei buonino	DON GIOVANNI K.527 (Mozart)	I	71
	애인이여, 자 이약으로	돈 조반니		
	Venite inginocchiatevi	LE NOZZE DI FIGARO K.492 (Mozart)	I	27
	자, 무릎을 꿇고	피가로의 결혼		
	Voi che sapete che cosa é amor	LE NOZZE DI FIGARO K.492 (Mozart)	I	18
	사랑이란 어떤 것일까	피가로의 결혼		
	Vorei spiegavi il giubilo	LA CAMBIALE DI MATRIMONIO (Rossini)	III	12
	이 환희를 들어 주십시오	결혼 어음		

오페라 아리아

오페라 아리아 명곡집(1) 소프라노   국배판/176p

오페라 아리아 명곡집(2) 소프라노   국배판/176p

오페라 아리아 명곡집(3) 소프라노   국배판/160p

오페라 아리아 명곡집(4) 소프라노   국배판/136p

오페라 아리아 명곡집(5) 메조 소프라노/알토   국배판/152p

오페라 아리아 명곡집(6) 테너   국배판/120p

프랑스 오페라 아리아 명곡집(1) 소프라노   국배판/136p

프랑스 오페라 아리아 명곡집(2) 메조 소프라노/알토   국배판/128p

오페라 아리아 명곡집(4) 소프라노

발행인 : 성강환

편저자 : FRANCO MAURILLI

발행처 : 아름출판사

등 록 : 1987년 12월 9일 제 2001-7호

주 소 : 경기도 고양시 일산동구 중산동 1584-2

       http://www.armusic.co.kr

전 화 : (031)977-1881(대표)

       (031)977-1882(영업부)   (031)977-1883~4(편집부)

팩 스 : (031)977-1885

값 12,000원